# 문단열의 99초 패턴표현 1

**1판 1쇄 인쇄** 2015년 9월 9일
**1판 1쇄 발행** 2015년 9월 16일

**지은이** 문단열

**발행인** 양원석
**책임편집** 유정윤
**그림** 심재경
**디자인** 유수정
**전산조판** 함동춘
**해외저작권** 황지현, 지소연
**제작** 문태일
**영업마케팅** 김경만, 이영인, 윤기봉, 전연교, 양근모,
  윤면규, 김민수, 장현기, 정미진, 이선미

**펴낸 곳** ㈜알에이치코리아
**주소** 서울시 금천구 가산디지털2로 53, 20층 (가산동, 한라시그마밸리)
**편집문의** 02-6443-8800  **구입문의** 02-6443-8838
**홈페이지** http://rhk.co.kr
**등록** 2004년 1월 15일 제2-3726호

ⓒ 문단열, 2015

**ISBN** 978-89-255-5688-8 (13740)

※ 이 책은 ㈜알에이치코리아가 저작권자와의 계약에 따라 발행한 것이므로
  본사의 서면 허락 없이는 어떠한 형태와 수단으로도 이 책의 내용을 이용하지 못합니다.
※ 잘못된 책은 구입하신 서점에서 바꾸어 드립니다.
※ 책값은 뒤표지에 있습니다.

우리 뇌에는
좌뇌와 우뇌가 있어요.
좌뇌는 언어능력을,
우뇌는 예술적 감각을 지니고 있죠.

우리는 이제 양뇌를 모두 사용해서
보다 감각적으로!
보다 빠르게!
영어 표현을 익혀볼 거예요.

표현을 짧은 시간 안에 습득하고
그림으로 머리속에 쏙 넣으면
앞으로 내가 일어날 상황에
적용만 하면 됩니다.

준비됐나요?
그럼 〈문단열의 99초〉 강의,
들어갑니다!

**99초 강의와 이미지로
패턴표현이 끝!**

# 문단열과 TALK

 안녕하세요 문단열입니다

와우, 선생님!

 제가 영어를 가르친 지도 벌써 25여 년이 지났네요

와 벌써 그렇게 되었네요~!

 그 사이에 많은 분들이 영어를 직접 쓰고 활용하시는데 도사들이 되어 계시더라고요

실력은 모르겠는데 열정만 늘었네요

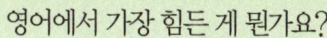

영어에서 가장 힘든 게 뭔가요?

단어는 알겠는데
그걸 엮어서 빨리빨리 상황에 맞게
말을 못하겠더라고요

아, 패턴표현 말씀이시군요!

네, 바로 그거예요!
바로바로 입에서 안 나와요.
하려던 말이 이게 맞나 싶고…

그래서 이번에는 **패턴을 랩처럼** 익혀볼 거예요!
동영상 강의와 일러스트 이미지로 기억해서
하고 싶은 말을 바로 할 수 있게 해드릴게요

# CONTENTS _Patterns 1

**동사 붙이면 끝!**

| 01 | Do you ever 동사? | 10 |
| 02 | Don't forget to 동사 | 12 |
| 03 | Don't you dare 동사! | 14 |
| 04 | Don't bother to 동사 | 16 |
| 05 | I'm about to 동사 | 18 |
| 06 | I'm here to 동사 | 20 |
| 07 | I'm ready to 동사 | 22 |
| 08 | I'm supposed to 동사 | 24 |
| 09 | I'm willing to 동사 | 26 |
| 10 | I have to 동사 | 28 |
| 11 | I used to 동사 | 30 |
| 12 | I wanted to 동사 | 32 |
| 13 | How could you 동사? | 34 |
| 14 | It's better to 동사 | 36 |
| 15 | That's what I 동사 | 38 |

1초 패턴 연습 ······ 40

**명사 붙이면 끝!**

| 01 | There is/are 명사 | 44 |
| 02 | Help yourself to 명사 | 46 |
| 03 | I'm really into 명사 | 48 |
| 04 | It depends on 명사 | 50 |
| 05 | What's with 명사? | 52 |
| 06 | What is 명사 for? (1탄) | 54 |
| 07 | What is 명사 for? (2탄) | 56 |
| 08 | You must be 명사 | 58 |

1초 패턴 연습 ······ 60

**동명사 (-ing) 붙이면 끝!**

| 01 | I can't help 동명사(~ing) | 64 |
| 02 | I feel like 동명사(~ing) | 66 |
| 03 | It is worth 동명사(~ing) | 68 |
| 04 | It's no use 동명사(~ing) | 70 |

1초 패턴 연습 ······ 72

**과거분사 (-ed) 붙이면 끝!**

| 01 | I should have 과거분사(-ed) | 76 |
| 02 | I shouldn't have 과거분사(-ed) | 78 |
| 03 | I would have 과거분사(-ed) | 80 |
| 04 | I wouldn't have 과거분사(-ed) | 82 |
| 05 | I could have 과거분사(-ed) | 84 |
| 06 | I couldn't have 과거분사(-ed) | 86 |
| 07 | I might have 과거분사(-ed) | 88 |

1초 패턴 연습 ····· 90

**형용사 붙이면 끝!**

| 01 | I'm getting 형용사 | 94 |
| 02 | I am totally 형용사 | 96 |
| 03 | You can't be 형용사/명사 | 98 |

1초 패턴 연습 ····· 100

**문장 붙이면 끝!**

| 01 | I think 문장 | 104 |
| 02 | In case 문장 | 106 |
| 03 | What if 문장? | 108 |
| 04 | Let's say 문장 | 110 |
| 05 | I can tell 문장 | 112 |
| 06 | It is like 문장 | 114 |
| 07 | It seems that 문장 | 116 |
| 08 | It's just that 문장 | 118 |
| 09 | No offense, but 문장 | 120 |
| 10 | The thing is 문장 | 122 |
| 11 | You know what? 문장 | 124 |
| 12 | What on earth 문장(의문문)? | 126 |
| 13 | I don't know 의문사 | 128 |
| 14 | You never know 의문사 | 130 |

1초 패턴 연습 ····· 132

Answers ····· 134

99초
완성!

# 동사 붙이면 끝!

# Do you ever 동사?

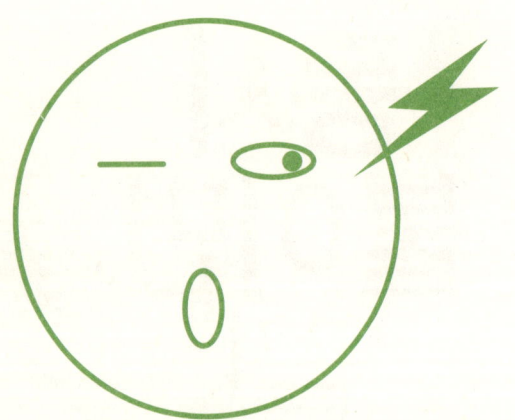

넌 하긴 하냐?

- **do** 하다
- **Do you ~?** 넌 ~ 하냐?
- **Do you ever ~?** 너(당신은) ~하긴 하냐(하세요)?

한끝 팁  ever로 '~하기는 하니'라는 느낌을 강조해 주세요.

## Do you ever 동사?

### study
너 <u>공부하기</u>는 하냐?

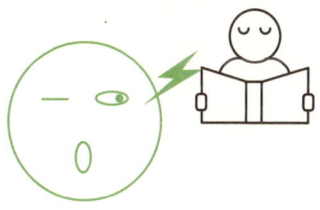

### call your parents
너 <u>부모님께 전화하기</u>는 하냐?

### try hard
너 <u>열심히 시도하기</u>는 하냐?

### work out / exercise
너 <u>운동하기</u>는 하냐?

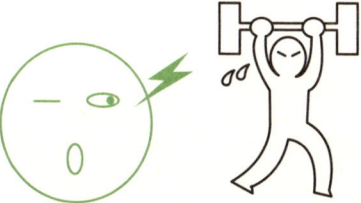

# Don't forget to 동사.

잊지 마.

- **Don't.** 하지 마.
- **Don't forget.** 잊지 마.
- **Don't forget to ~** ~하는 것 잊지 마(마세요).

# Don't forget to 동사.

### call me
저한테 연락하는 거 잊지 마세요.

### say my name
제 이름 대는 거 잊지 마세요.

### send me flowers
저한테 꽃 보내는 거 잊지 마세요.

### eat breakfast
아침 먹는 거 잊지 마세요.

### turn off the light
불 끄는 거 잊지 마세요.

# Don't you dare 동사!

감히 어떻게!

- **Don't do it.** 하지 마.
- **Don't you do it.** 너 하지 마.
- **Don't you dare ~!** 감히 ~하다니! ~하지 마!

한끗 팁  명령문에 you를 넣어 한 번 강조하고, dare로 한 번 더 강조해 어감을 강하게 나타내어 주세요.

# Don't you dare 동사!

### eat that
감히 <u>저걸</u> 먹다니!

### touch me
감히 <u>나를</u> 건드리다니!

### talk to me like that
감히 <u>나에게 그런 식으로</u> 말을 하다니!

# Don't bother to 동사.

해주지 않아도 돼요.

- **Don't.** 하지 마.
- **Don't bother** 신경 쓰지 마
- **Don't bother to ~** 굳이 ~하지 않아도 돼(돼요).

한끝 팁  Don't bother to는 Don't bother yourself to 에서 yourself가 생략된 표현으로, 직역으로는 해석이 힘든 구문입니다.

## Don't bother to 동사.

### do that
굳이 <u>저거 해주시지</u> 않아도 돼요.

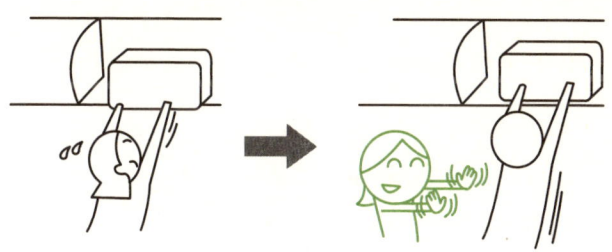

### wash the dishes
굳이 <u>설거지 해주시지</u> 않아도 돼요.

### take notes
굳이 <u>필기하시지</u> 않아도 돼요.

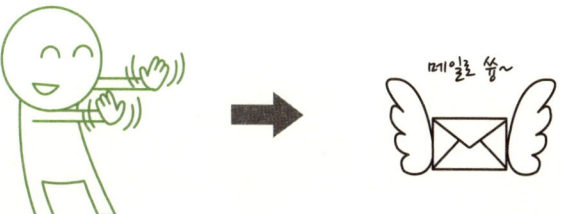

# I'm about to 동사.

난 마침 하려던 참이에요.

- **I'm** 나는
- **I'm about to ~** 나는 마침 ~하려던 참이야(참이에요).

한끝 팁  I'm about to ~를 과거로 나타내면 I was going to ~ 즉, '~를 하려고 했던 참이었다'라고 쓰면 됩니다.

## I'm about to 동사.

### take a walk
난 마침 <u>산책하려던</u> 참이에요.

### quit school
난 마침 <u>학교를 그만 두려던</u> 참이에요.

* quit 그만두다

### leave you
난 마침 <u>가 보려던</u> 참이에요.

### stop seeing him
난 마침 <u>그와 그만 사귀려던</u> 참이에요.

그리고 그녀는 한동안 남자를 만나지 못했다…

마녀사냥꾼

네 말씀 하세요~

전 23세 여자예요.
제가 그를 떠난 건 잘한 일일까요?

# I'm here to 동사.

난 왔어요!

- **I am** 나는
- **I am here** 나는 여기 있다
- **I am here to ~** 나는 ~하러 왔어(왔어요).

## I'm here to 동사.

### see Mr. Smith
난 <u>스미스 씨를 뵈러</u> 왔어요.

### talk to the boss
난 <u>사장님과 얘기를 나누러</u> 왔어요.

### do some business
난 <u>비즈니스 좀 하러</u> 왔어요.

### catch a mouse
난 <u>쥐 잡으러</u> 왔어요.

(그녀의 집)

# I'm ready to 동사.

난 준비 됐어요.

- **I am** 나는
- **I am ready** 나는 준비가 되다
- **I am ready to ~** 나는 ~할 준비가 됐어(됐어요).

## I'm ready to 동사.

### go for it
난 <u>파이팅 할</u> 준비가 됐어요.

### go home
난 <u>집에 갈</u> 준비가 됐어요.

### start right now
난 <u>지금 당장 시작할</u> 준비가 됐어요.

### love you
난 <u>당신을 사랑할</u> 준비가 됐어요.

### be cheesy
난 <u>느끼할</u> 준비가 됐어요.

# I'm supposed to 동사.

난 해야 해요.

- **suppose** 추측하다
- **be supposed to ~** ~하게 되어 있다
- **I'm supposed to ~** 난 ~해야 해(해요).

## I'm supposed to 동사.

### work hard
난 <u>일을 열심히</u> 해야 해요.

### study hard
난 <u>공부를 열심히</u> 해야 해요.

### take care of her
난 <u>그녀를 돌봐야</u> 해요.

### get some rest
난 <u>휴식을 취해야</u> 해요.

# I'm willing to 동사.

난 하려고 합니다.

- **willing** 의지
- **I'm willing** 나는 의지가 있다
- **I'm willing to ~** 나는 ~하려고 한다(합니다).

한끝 팁 '하려 한다'의 표현 뉘앙스 차이를 알아봅시다.
I want to ~ 나는 ~하고 싶다(선포)
I feel like ~ 나는 왠지 ~하고 싶다(느낌)
I'm willing to ~ 나는 ~하려고 한다(의지)

## I'm willing to 동사.

### take a chance
나는 <u>기회를 잡</u>으려고 합니다.

### see you again
나는 <u>당신을 다시 보</u>려고 합니다.

### try it one more time
나는 <u>한 번 더 시도해보</u>려고 합니다.

# I have to 동사.

난 해야 합니다.

- **have to** 해야 한다
- **I have to ~** 난 ~해야 한다(합니다).
- **You have to ~** 넌 ~해야 한다(합니다).

## I have to 동사.

### study
난 <u>공부해야</u> 합니다.

### work
난 <u>일해야</u> 합니다.

### leave
난 <u>가야</u> 합니다.

### do it right away
난 <u>그걸 당장 해야</u> 합니다.

### teach
난 <u>가르쳐야</u> 합니다.

### learn
난 <u>배워야</u> 합니다.

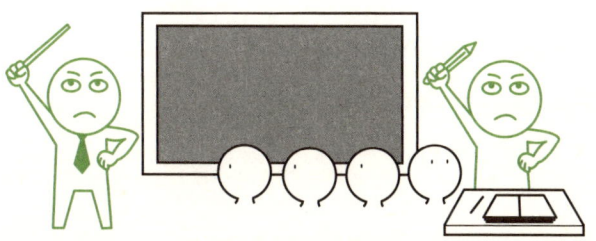

# I used to 동사.

- **used to** 왕년에
- **I used to ~** 내가 왕년엔 ~했어(했죠).

한끝 팁  I used to와 I am used to의 차이를 구분해 보겠습니다. I used to는 '왕년에 내가 좀 ~했지.'라는 과거를, I am used to는 '지금은 ~가 익숙해.'라는 현재를 나타냅니다.

# I used to 동사.

## climb mountain Baekdu
내가 왕년엔 <u>백두산을 올라갔었</u>죠.

## swim to China
난 왕년에 <u>중국까지 헤엄쳐 갔었</u>죠.

## swim back to Korea
난 왕년에 <u>한국으로 다시 헤엄쳐 돌아왔</u>죠.

## date Angelina Jelly
내가 왕년에 <u>안젤리나하고 데이트를 했</u>죠.

## But she dumped me…
하지만, 그녀는 날 찼죠…

# I wanted to 동사.

난 그러고 싶었어요...

- **want to ~** ~하고 싶다
- **wanted to ~** ~하고 싶었다
- **I wanted to ~** 난 ~하고 싶었어(싶었어요).

## I wanted to 동사.

### do that
난 <u>저걸 하고</u> 싶었어요.

### study
난 <u>공부하고</u> 싶었어요.

### tell you the truth
난 <u>진실을 말하고</u> 싶었어요.

### finish that
난 <u>끝내버리고</u> 싶었어요.

### say that
난 <u>그 말이 하고</u> 싶었어요.

# How could you 동사?

너 어떻게 그럴 수 있니?

- **how** 어떻게
- **How could you ~?** 너 어떻게 ~할 수 있니?

한끝 팁  How could you ~ 표현은 '신기한 재능에 대한 놀라움의 표현', '항의하는 표현' 등의 두 가지가 모두 쓰입니다.

## How could you 동사?

### say that
너 어떻게 <u>그런 말을</u> 할 수 있니? (항의)

### go there
너 어떻게 <u>그곳을</u> 갈 수가 있니? (항의)

### sleep in
너 어떻게 <u>늦잠을</u> 잘 수가 있니? (항의)

신입이는 꿈 꾸는 중

# It's better to 동사.

그렇게 하는 게 나아요.

- **It's** 그것은
- **It's better** 그것은 낫다
- **It's better to ~** 그것은 ~하는 게 나아(나아요).

## It's better to 동사.

### take a taxi
택시를 타는 게 나아요.

### take the bus
버스를 타는 게 나아요.

### take the subway
지하철을 타는 게 나아요.

### wait for the sales
세일할 때까지 기다리는 게 나아요.

SALE SOON!

SALE 50%

### dump him
그를 차버리는 게 나아요.

### Dump him!
차 버려요!

잘못했어, 자기야...

# That's what I 동사.

바로 그거예요!

- **That's** 그게
- **That's what** 그게 그것
- **That's what I ~** 그게 내가 ~하려는 거야(거예요).

## That's what I 동사.

### mean
내 뜻이 바로 그거예요!

### do
내 직업이 바로 그거예요.

### say
내 말이 바로 그거예요.

### am saying.
내가 하려던 말이 바로 그거예요.

# 1초 패턴 연습

**1** 구문에 맞는 그림을 골라 써 넣으세요.

1 **Don't bother to** 동사. _____

2 **Do you ever** 동사? _____

3 **I'm willing to** 동사. _____

4 **I have to** 동사. _____

5 **Don't you dare** 동사? _____

6 **I'm ready to** 동사. _____

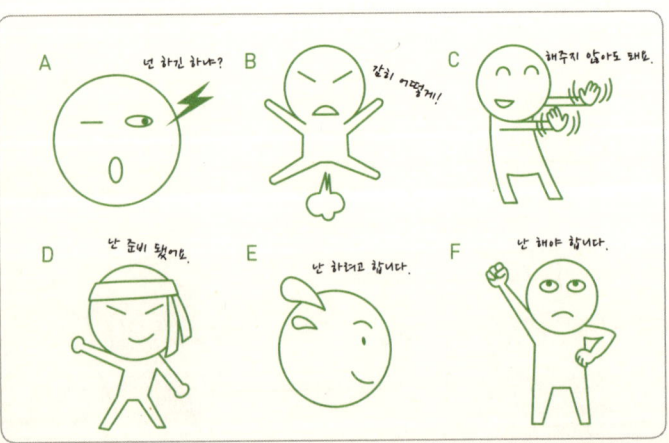

**2** 상황에 맞는 패턴 회화를 완성하세요.

_____ take a walk.
난 마침 산책하려던 참이에요.

_____ tell you the truth. 난 진실을 말하고 싶었어요.

_____ catch a mouse. 난 쥐 잡으러 왔어요.

_____ am saying.
내가 하려던 말이 그거예요.

_____ say that?
너 어떻게 그런 말을 할 수 있니?

_____ study hard.
난 공부를 열심히 해야 해요.

**99초 완성!**

# 명사 붙이면 끝!

# There is 명사.
# There are 명사.

뭐가 있어요!

- **There is ~** ~(하나)가 있어(있어요).
- **There are ~** ~(여러 개)가 있어(있어요).

## There is 단수명사. / There are 복수명사.

### a man
한 남자가 있어요.

### men
여러 남자가 있어요.

### a woman
한 여자가 있어요.

### women
여러 여자가 있어요.

### Let's get the party started!
자, 파티를 시작합시다!

# Help yourself to 명사.

이것 좀 갖다 드세요!

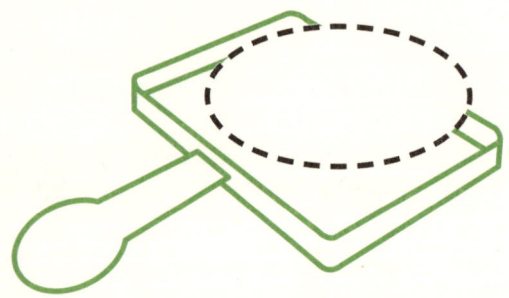

- **help** 돕다
- **help yourself** 자기 스스로를 돕다
- **Help yourself to ~** ~을 알아서 먹어(드세요).

한끝 팁  '명사' 자리에는 먹을 것이나 편의적인 물건을 넣습니다.

# Help yourself to 명사.

### some bread
빵 좀 갖다 드세요.

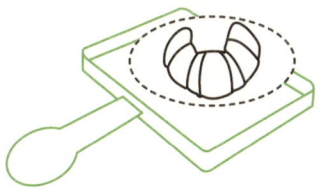

### some water
물은 셀프입니다.

### a snack
다과 좀 갖다 드세요.

### some milk
우유 좀 갖다 드세요.

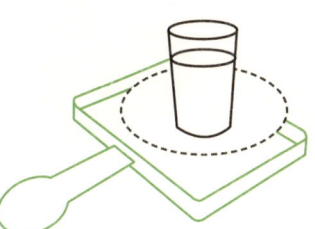

* 원어민들은 a snack을 습관적으로 잘 씁니다.

### some yogurt
요거트 좀 갖다 드세요.

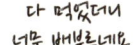

# I'm really into 명사.

난 매력에 푹 빠졌어요.

- **I'm** 난
- **I'm really** 난 정말
- **I'm really into ~** 난 ~의 매력에 푹 빠졌어(빠졌어요).

## I'm really into 명사.

### jazz
난 <u>재즈</u>의 매력에 푹 빠졌어요.

### flowers
난 <u>꽃</u>의 매력에 푹 빠졌어요.

### guns
난 <u>총</u>의 매력에 푹 빠졌어요.

### Zorro
난 <u>조로</u>의 매력에 푹 빠졌어요.

### English
난 <u>영어</u>의 매력에 푹 빠졌어요.

### Chinese
난 <u>중국어</u>의 매력에 푹 빠졌어요.

내 남자의 조건 완벽해!

# It depends on 명사.

그게 관건이에요.

- **depend on** 달려있다
- **It depends on ~** 그것은 ~이 관건이야(관건이에요).

# It depends on 명사.

## the situation
상황이 관건이에요.

## the budget
예산이 관건이에요.

## the time
시간이 관건이에요.

## the money
돈이 관건이에요.

# What's with 명사?

얘는 도대체 왜 그래?

- **what is** 뭐니
- **with ~** ~와 함께
- **What's with ~?** ~는 도대체 왜 그래?

# What's with 명사?

### you
넌 도대체 왜 그래?

### her
그녀는 도대체 왜 그래?

### the cat
그 고양이는 도대체 왜 그래?

### the dog
그 개는 도대체 왜 그래?

# What is 명사 for? (1탄)

어디에 쓰는 거예요?

- **what is** 뭐니
- **for** ~ ~을 위한
- **What is ~ for?** ~는 어디에 쓰는 거니(거예요)?

# What is 명사 for?

### it
<u>그건</u> 어디에 쓰는 거예요?

볼 마사지기! 얼굴 작아져요.

---

### that
<u>저건</u> 어디에 쓰는 거예요?

도넛방석! 치질에 좋아요.

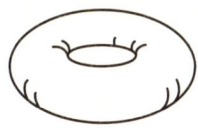

---

### the friendship (= What are friends for?)
<u>친구 좋다</u>는 게 뭐야!

# What is 명사 for? (2탄)

그건 왜요?

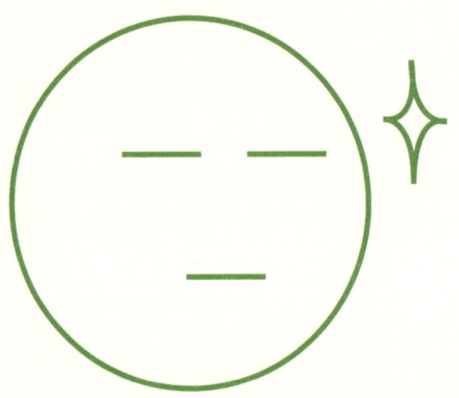

- **what** 무엇
- **what is** 뭔데
- **What is ~ for?** 네가 ~는 왜? 당신이 ~는 왜요?

한끝 팁  What is ~ for?는 '~는 어디에 쓰는 물건이야?'라는 표현도 되지만, '네가 ~는 왜 찾는데?'라는 표현도 됩니다.

# What is 명사 for?

## the laptop
당신이 <u>컴퓨터</u>는 왜요?

## the car
당신이 <u>차</u>는 왜요?

## the knife
당신이 <u>칼</u>은 왜요?

나 백쉐프 놀이 중…

## the house
당신이 <u>집</u>은 왜요?

닥치고 정착! 유목민

## English
당신이 <u>영어</u>는 왜요?

익스큐즈미?

나 유학 가요…
안녕…

# You must be 명사.

틀림없어.

- **must** 해야 한다
- **must be** 틀림없다
- **You must be ~** 넌 ~임이 틀림없어(틀림없어요).

## You must be 명사.

### a genius
넌 <u>천재</u>임이 틀림없어.

합격!

### my mother
당신은 <u>내 엄마</u>임이 틀림없어요.

### a goddess
넌 <u>여신</u>임이 틀림없어.

### my sister
넌 <u>내 여동생</u>임이 틀림없어.

### my son
넌 <u>내 아들</u>임이 틀림없어.

사탄의 인형!
헉, 아니네!

## 1초 패턴 연습

**1** 구문에 맞는 그림을 골라 써 넣으세요.

1. Help yourself to 명사. _____
2. You must be 명사. _____
3. It depends on 명사. _____
4. What is 명사 for? _____
5. What's with 명사? _____
6. I'm really into 명사. _____

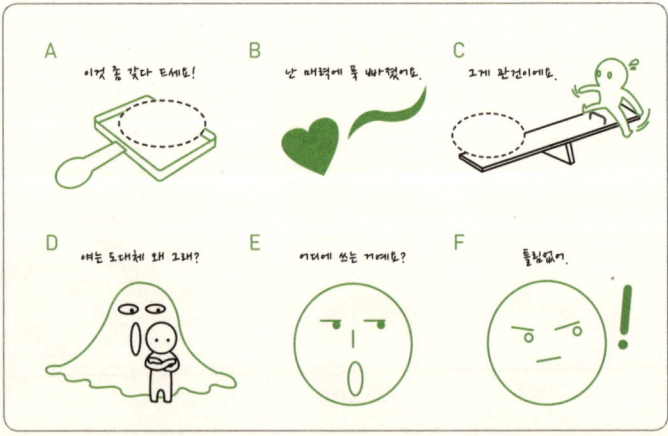

**2** 상황에 맞는 패턴 회화를 완성하세요.

_____ jazz.

난 재즈의 매력에 푹 빠졌어요.

_____ a woman.

한 여자가 있어요.

_____ her?

그녀는 도대체 왜 그래?

_____ my son.

넌 내 아들임이 틀림없어.

_____ a snack.

다과 좀 갖다 드세요.

_____ the laptop _____? 당신이 컴퓨터는 왜요?

99초
완성!

동명사 붙이면 끝!

# I can't help 동명사(~ing).

나도 모르게 하게 돼.

- **I can** 나는 할 수 있다
- **I can't** 나는 할 수 없다
- **I can't help ~ing** 나도 모르게 ~하게 돼.

한끝 팁  I can't help 다음에는 무조건 동명사가 와야 합니다.

# I can't help 동명사(~ing).

## jumping
나도 모르게 <u>뛰게</u> 돼.

## crying
나도 모르게 <u>울게</u> 돼.

## laughing
나도 모르게 <u>웃게</u> 돼.

## hitting
나도 모르게 <u>때리게</u> 돼.

## smoking
나도 모르게 <u>담배를 피우게</u> 돼.

## drooling
나도 모르게 <u>침을 흘리게</u> 돼.

# I feel like 동명사(~ing).

난 왠지 하고 싶어.

- **feel** 느끼다
- **feel like** 하고 싶은 기분이다
- **I feel like ~ing** 난 왠지 ~하고 싶어.

한끝 팁 '원하다'의 뜻의 want를 써서 I want to라고 표현하면 '나는 하고 싶어요!'라고 선포하는 표현이지만, I feel like ~ 로 표현하면 '왠지 이유는 모르겠지만 느낌이 그렇다'라는 뜻이 됩니다.

## I feel like 동명사(~ing).

### walking
난 왠지 걷고 싶어.

### shooting
난 왠지 총을 쏘고 싶어.

### playing the guitar
난 왠지 기타를 치고 싶어.

### drinking
난 왠지 술을 마시고 싶어.

# It is worth 동명사(~ing).

그건 할 만해요.

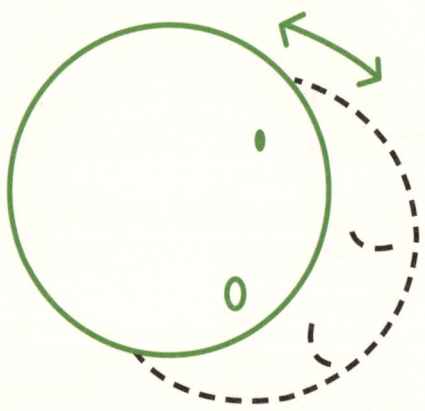

- **worth** 가치
- **It is worth** 그것은 가치가 있다
- **It is worth ~ing** 그건 ~할 만해(할 만해요).

# It is worth 동명사(~ing).

## trying
그것은 <u>시도해볼</u> 만해요.

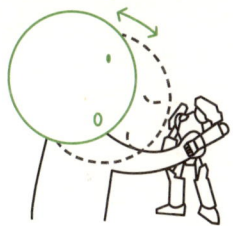

## going
<u>가볼</u> 만해요.

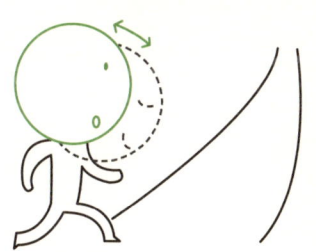

## looking at
그것은 <u>쳐다볼</u> 만해요.

## watching
그것은 <u>볼</u> 만해요.

## spending money
그것은 <u>지불할</u> 만해요.

# It's no use 동명사(~ing).

그래 봤자 소용 없어요.

- **use** 소용
- **It is no use** 소용없다
- **It is no use ~ing** ~해봤자 소용없어(없어요).

## It's no use 동명사(~ing).

### crying
울어 봤자 소용없어요.

### trying
시도해 봤자 소용없어요.

### talking
말해 봤자 소용없어요.

### meeting him
그를 만나 봤자 소용없어요.

### working out
운동을 해 봤자 소용없어요.

## 1초 패턴 연습

**1** 구문에 맞는 그림을 골라 써 넣으세요.

1 **I feel like** 동명사. _____

2 **It's no use** 동명사. _____

3 **I can't help** 동명사. _____

4 **It is worth** 동명사. _____

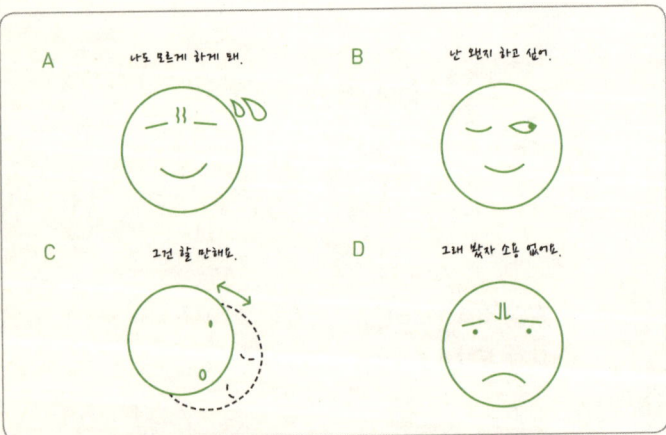

A 나도 모르게 하게 돼.

B 난 왠지 하고 싶어.

C 그건 할 만해요.

D 그래 봤자 소용 없어요.

**2** 상황에 맞는 패턴 회화를 완성하세요.

_____ hitting.
나도 모르게 때리게 돼.

_____ looking at.
그것은 쳐다볼 만해요.

_____ playing the guitar. 난 왠지 기타를 치고 싶어.

_____ spending money. 그것은 지불할 만해요.

_____ working out. 운동을 해 봤자 소용없어요.

_____ crying.
나도 모르게 울게 돼.

99초
완성!

# 과거분사 붙이면 끝!

# I should have 과거분사(~ed).

나는 했어야 했다.

- **should** 해야 한다
- **should have ~ed** ~해야 했었다
- **I should have ~ed** 내가 ~했어야 했어(했어요).

## I should have 과거분사(~ed).

### done that
내가 <u>저걸 했어야</u> 했어요.

### eaten that
내가 <u>저걸 먹었어야</u> 했어요.

### married him
내가 <u>그와 결혼했어야</u> 했어요.

일주일 후 소개팅...

한달 후 결혼

인연은 따로 있는 법!

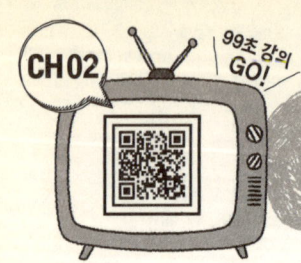

# I shouldn't have 과거분사(~ed).

난 ~하지 말았어야 했어요.

- **should have ~ed** ~했어야 했다
- **shouldn't have ~ed** ~하지 말았어야 했다
- **I shouldn't have ~ed**
  나는 ~하지 말았어야 했어(했어요).

한끝 팁  과거 일에 후회를 나타내는 표현입니다.

# I shouldn't have 과거분사(~ed).

## listened to him
나는 그 사람 얘길 듣지 말았어야 했어요.

## done that
나는 그런 짓은 하지 말았어야 했어요.

## seen that
나는 그건 보지 말았어야 했어요.

## met you
나는 당신을 만나지 말았어야 했어요!

# I would have 과거분사(~ed).

나도 그렇게 했을 거예요.

- **would** ~일 것이다
- **would have ~ed** ~했었을 것이다
- **I would have ~ed** 나도 ~했겠지(했을 거예요).

한끝 팁  과거의 가정에 대해서 그랬을 것이라고 말하는 표현입니다.

# I would have 과거분사(~ed).

## done that
나도 그렇게 했을 거예요.

## taken that chance
나도 그 기회를 잡았을 거예요.

## taken that opportunity.
나도 그 기회를 잡았을 거예요.

## married him.
그와 결혼했을 거예요!

# I wouldn't have 과거분사(~ed).

아무리 그래도
난 그렇게 하지는 않았을 거예요.

- **would have ~ed** ~했었을 것이다
- **wouldn't have ~ed** ~하지 않았을 것이다
- **I wouldn't have ~ed**
  (아무리 그래도) 난 ~하지 않았을 거야(거예요).

  한끝 팁  과거의 가정에 대해서 '그렇게는 안 했을 거야.' 라는 표현입니다.

## I wouldn't have 과거분사(~ed).

### done that
아무리 그래도
난 그렇게는 안 했을 거야.

### run away
아무리 그래도
난 도망가지는 않았을 거예요.

### gone to America
아무리 그래도
난 미국으로는 안 갔을 거예요.

### gone to England
아무리 그래도
난 영국으로는 안 갔을 거예요.

### * I would have gone to Spain.
난 스페인을 갔을 거예요.

# I could have 과거분사(~ed).

난 그럴 수도 있었을 거 같아요.
20% 정도는···

- **could** 할 수 있다
- **could have ~ed** ~할 수도 있었을 것이다
- **I could have ~ed** 난 ~할 수도 있었을 거 같아(같아요).

한끝 팁  would have와 could have 차이를 알아보겠습니다.
would have: 난 100% 그랬을 거야.
could have: 난 10~20% 정도 그랬을 수는 있을 거 같아.

## I could have 과거분사(~ed).

### done that
난 <u>그럴</u> 수도 있었을 것 같아요.

### eaten that
난 <u>먹을</u> 수도 있었을 거 같아요.

냄새 나는 두리안

### * I would have eaten that.
그거라면 난 분명 <u>먹었을</u> 거예요.

달달한 두리안

### studied that
난 <u>그것을 공부했을</u> 수도 있었을 것 같아요.

### studied Chinese
난 <u>중국어를 공부했을</u> 수도 있었을 것 같아요.

# I couldn't have 과거분사(~ed).

내가 그랬을 리가 없어요.

- **could have ~ed** ~할 수도 있었을 것이다
- **couldn't have ~ed** ~했을 리가 없다
- **I couldn't have ~ed** 내가 ~했을 리가 없어(없어요).

한끝 팁  couldn't have ~ed는 could have ~ed의 내용적 반대말로 '~했을 리가 없다'라는 뜻입니다.

# I couldn't have 과거분사(~ed).

## done that
내가 <u>그것을 했을</u> 리가 없어요.

## said that
내가 <u>그 말을 했을</u> 리가 없어요.

## gone there
제가 <u>거기 갔을</u> 리가요.

## been there
제가 <u>거기에 있었을</u> 리가요.

# I might have 과거분사(~ed).

내가 했을지도 모르죠.
50% 정도는요.

- **might** ~할지도 모른다
- **might have ~ed** ~했을지도 모른다
- **I might have ~ed** 내가 ~했을지도 모르지(모르죠).

한끝 팁  가능성의 정도에 따라서 고를 수 있는 표현을 알아보겠습니다.
could have ~ed: 했을 가능성 20%
might have ~ed: 했을 가능성 50%
would have ~ed: 했을 가능성 100%

## I might have 과거분사(~ed).

### done that
내가 <u>저걸 했을지도</u> <u>모르죠</u>.

### met you
내가 <u>당신을 만났었을지도</u> <u>모르죠</u>.

### married you
내가 <u>당신과 결혼했을지도</u> <u>모르죠</u>.

### been sick
내가 <u>아팠을지도</u> <u>모르죠</u>.

## 1초 패턴 연습

**1** 구문에 맞는 그림을 골라 써 넣으세요.

1  I wouldn't have 과거분사.　　　　　　　　　_____

2  I might have 과거분사.　　　　　　　　　　_____

3  I should have 과거분사.　　　　　　　　　 _____

4  I would have 과거분사.　　　　　　　　　　_____

5  I shouldn't have 과거분사.　　　　　　　　_____

6  I could have 과거분사.　　　　　　　　　　_____

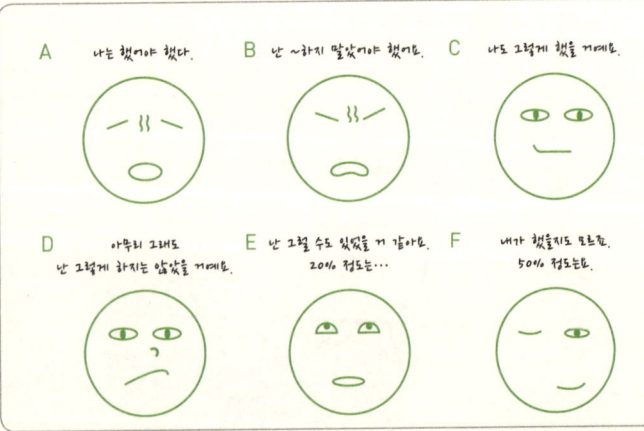

A 나는 했어야 했다.
B 난 ~하지 말았어야 했어요.
C 나도 그렇게 했을 거예요.
D 아무리 그래도 난 그렇게 하지는 않았을 거예요.
E 난 그럴 수도 있었을 거 같아요. 20% 정도는…
F 내가 했을지도 모르죠. 50% 정도는.

**2** 상황에 맞는 패턴 회화를 완성하세요.

_____ married him. 그와 결혼했을 거예요.

_____ said that. 내가 그 말을 했을 리가 없어요.

_____ eaten that. 내가 저걸 먹었어야 했어요.

_____ met you. 나는 당신을 만나지 말았어야 했어요.

_____ done that. 아무리 그래도 난 그렇게는 안 했을 거야.

_____ studied Chinese. 난 중국어를 공부했을 수도 있었을 것 같아요.

99초
완성!

# 형용사 붙이면 끝!

# I'm getting 형용사.

난 점점...

- **get** 득하다, 없던 것이 생기다
- **be getting** ~해지다, 없던 것이 생기고 있다
- **I am getting ~** 나는 점점 ~해져(해져요).

## I'm getting 형용사.

### tired
난 점점 피곤해져.

### hungry
난 점점 배가 고파져.

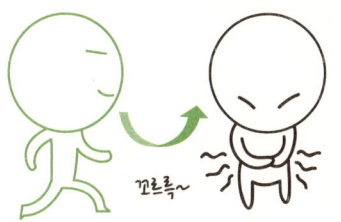

### excited
난 점점 흥미진진해져.

### cold
난 점점 추워져.

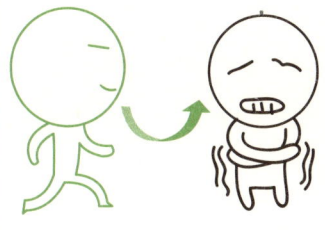

### taller
난 점점 키가 커져.

꺄악! 키다리 아저씨!

너무 컸나봐...

# I am totally 형용사.

나 완전 이래요...

- **I am ~** 나는 ~ 하다
- **I am totally ~** 나 완전 ~해.

## I am totally 형용사.

### shattered
나 완전 <u>피곤해</u>.

### exhausted
나 완전 <u>쓰러질 거 같아</u>.

### embarrassed
나 완전 <u>창피해</u>.

### frustrated
나 완전 <u>짜증나</u>.

# You can't be 형용사/명사.

당신이 그럴 리가 없어요.

- **You can** 너는 할 수 있다
- **You can't** 너는 할 수 없다
- **You can't be ~** 네가 ~일 리가 없지(없어요).

# You can't be 형용사/명사.

## tired
네가 피곤할 리가 없지.

## my friend
네가 내 친구일 리가 없지.

## James Bond
당신이 제임스 본드일 리가 없어요.

## my father
당신이 나의 아버지 일리가 없어요.

## 1초 패턴 연습

**1** 구문에 맞는 그림을 골라 써 넣으세요.

1 You can't be 형용사. _____

2 I am totally 형용사. _____

3 I'm getting 형용사. _____

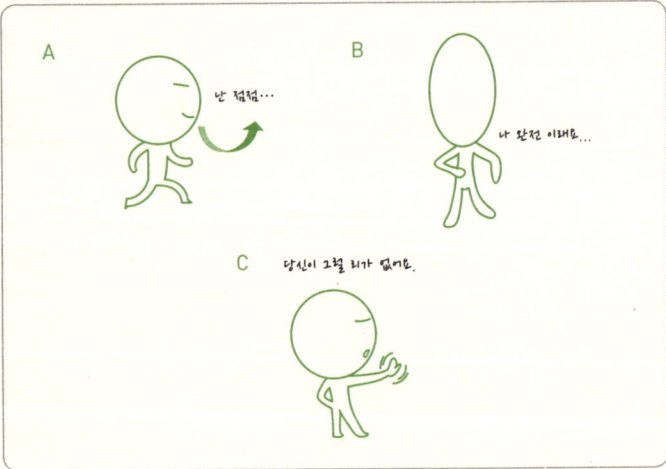

**2** 상황에 맞는 패턴 회화를 완성하세요.

| 1 | 2 |
|---|---|
| _____ tired. | _____ James Bond. |
| 난 점점 피곤해져. | 당신이 제임스 본드일 리가 없어요. |

| 3 | 4 |
|---|---|
| _____ embarrassed. | _____ tired. |
| 나 완전 창피해. | 네가 피곤할 리가 없지. |

_____ excited.  _____ frustrated.
난 점점 흥미진진해져.  나 완전 짜증나.

99초
완성!

# 문장 붙이면 끝!

# I think 문장.

난 그런 거 같아요...

- **think** 생각하다
- **I think ~** 난 ~인 것 같아(같아요).

한끝 팁 '~인 것 같아요'처럼 완곡하게 얘기할 때 꼭 필요한 표현입니다. '~라고 생각하다'라고 해석하지는 마세요.

## I think 문장.

### I like it
난 <u>그걸 좋아하는 것</u> 같아요.

### I love it
난 <u>아기를 사랑하는 것</u> 같아요.

### I'm tired
난 <u>좀 피곤한 것</u> 같아요.

### I'm energetic
난 <u>힘이 넘치는 것</u> 같아요.

### I'm powerful
제가 <u>힘이 좀 있는 편인 것</u> 같아요.

### I love you
난 <u>당신을 사랑하는 것</u> 같아요.

## In case 문장.

혹시나…

준비

- **case** 상황 사건
- **In case ~** 혹시나 ~해서(해서요).
  ~를 대비하는 차원에서(차원에서요).

한끝 팁  문장 없이 Just in case. 라고만 해도 됩니다.

# In case 문장.

### it rains
혹시나 <u>비가 올까</u> 해서요.

### it snows
혹시나 <u>눈이 올까</u> 해서요..

### it fails
<u>실패할 것</u>을 대비하는 차원에서요.

### it succeeds
<u>성공할 것</u>을 대비하는 차원에서요.

### he doesn't come
<u>아빠가 오지 않을 것</u>을 대비하는 차원에서요.

# What if 문장?

어쩌려고!

- **what** 어떻게
- **if** 만약
- **What if ~?** ~면 어쩌려고?

한끝 팁  what if는 '~면 어쩌지?' 외에도 '어떻게 될까?' '어떻게 할 거야?' 등의 다양한 표현으로도 쓸 수 있습니다.

## What if 문장?

### he comes
그가 오면 어쩌려고?

### it rains
비가 오면 어쩌려고?

### he sees you
그가 널 보면 어쩌려고?

### he comes back
그가 돌아오면 어쩌려고?

# Let's say 문장.

그렇다고 가정해보자.

- **let's** 하자
- **say** 말하다
- **Let's say ~** ~라고 가정해보자.

# Let's say 문장.

### I'm your father
<u>내가 너의 아빠라고</u> 가정해보자.

### you are my mother
<u>네가 우리 어머니라고</u> 가정해보자.

### I am healthy
<u>내가 건강하다고</u> 가정해보자.

### we have 3 months
<u>3개월 정도 시간이 있다고</u> 가정해보자.

# I can tell 문장.

척 보니 알겠네요.

- **I can** 난 할 수 있다
- **I can tell ~** 척 보니 ~을 알겠네(알겠네요).

# I can tell 문장.

## he's tired
척 보니 <u>그가 피곤하네요.</u>

비틀비틀…

## he's handsome
척 보니 <u>그는 잘생겼네요.</u>

## he's good
척 보니 <u>그는 솜씨가 좋네요.</u>

## he's nice
척 보니 <u>그는 친절하네요.</u>

"저기…
시간 있으세요?"

"아뇨!"
(흘끗 보며 후다다닥…)

척 보니 바쁜 걸 알겠네…

# It is like 문장.

근데, 그게 말이야...

- **It is ~** 그것은 ~이다
- **It is like ~** 근데 그게 말이야 ~야.

한끌 팁  그냥 말하는 입버릇 같은 표현입니다. 별다른 뜻이 있지는 않지만 자주 쓰이는 표현입니다.

# It is like 문장.

## I belong there
근데 그게 말이야.
거기에 소속감이 느껴져.

## he is bossing me around
근데 그게 말이야.
그가 나를 휘두르는 것 같아.

## he is my boyfriend
근데 그게 말이야.
그가 내 남자친구야.

# It seems that 문장.

보아하니...

- **seem** 보여진다
- **It seems** 그것은 보여진다
- **It seems that ~** 보아하니 ~인 것 같아(같아요).

한끝 팁  '~인 것 같아'를 표현하는 I think ~, I guess ~, It looks like ~ 보다도 더 조심하며 말하는 표현입니다. that은 생략할 수 있습니다.

## It seems that 문장.

### they are angry
보아하니 <u>그들이 화난 것</u> 같다.

### they are tired
보아하니 <u>그들은 피곤한 것</u> 같다.

### they are smart
보아하니 <u>그들은 똑똑한 것</u> 같다.

### you are very wise
보아하니 <u>넌 굉장히 현명한 것</u> 같다.

### you are stupid
보아하니 <u>넌 멍청한 것</u> 같다.

### Now, it seems that he is not stupid at all.

# It's just that 문장.

그게 왜냐면...

- **it's** 그것은
- **just** 그냥
- **that** 저것
- **It's just that ~** 그게 왜냐면 ~라서(라서요).

## It's just that 문장.

### I don't care
그게 왜냐면 내가 관심이 없어서요.

### I don't like it
그게 왜냐면 내가 그게 싫어서 그래요.

### it's raining
그게 왜냐면 비가 내려서요.

### English is too difficult
그게 왜냐면 영어가 어려워서요.

〈99초 영어〉 학습 후…

My gosh,
영어가 너무
쉬운 게 아니더냐~~!

볼라볼라~

# No offense, but 문장.

저기, 죄송하지만...

- **offense** 공격적인 말과 행동, 실례하는 것
- **no offense** 정말 죄송한 말씀이지만
- **No offense, but ~** 저기, 죄송하지만 ~

한끝 팁  No offense는 상대방에게 지적하고 싶을 때 완곡하게 말하기 위해 부정적인 뜻의 문장 앞에 붙이는 말입니다. 부정적인 느낌을 완화시킬 수 있어요.

## No offense, but 문장.

### you speak too loudly
저기, 죄송하지만 <u>목소리가 너무 크세요.</u>

### you are too tall.
저기, 죄송하지만 <u>키가 너무 크세요.</u>

### you are not a native speaker.
저기, 죄송하지만 <u>당신은 원어민 선생님이 아니시네요.</u>

# The thing is 문장.

중요한 건…

- **thing** 물건
- **The thing is ~** 중요한 건 ~야(예요).

## The thing is 문장.

### I need some money
중요한 건 내가 돈이 좀 필요하다는 거예요.

### I'm late.
중요한 건 내가 늦었다는 거예요.

### I love you.
중요한 건, 내가 당신을 사랑한다는 거예요.

# You know what? 문장.

근데 말이야...

- **You know** 너는 안다
- **You know what?** ~ 근데 말이야, ~래.

## You know what? 문장.

### He is coming.
근데 말이야, 산타가 정말 온대.

### The game is today.
근데 말이야, 경기가 오늘 이래.

### He likes you.
근데 말이야, 그가 너를 좋아한대.

### You are getting better.
근데 말이야, 네 실력이 늘고 있어.

### I like you.
근데 말이야, 내가 널 좋아해.

### I am going to New York.
근데 말이야, 난 뉴욕에 갈 거야.

# What on earth 문장?
(의문문)

도대체 뭐니?

- **what** 무엇
- **on** 위에
- **earth** 땅, 지구
- **What on earth ~?** 도대체 ~니?

# What on earth 문장?

### are you doing?
도대체 넌 뭘 하고 있는 거야?

### are you saying?
도대체 넌 무슨 말을 하는 거야?

### are you making?
도대체 넌 뭘 만드는 거야?

### are you building?
도대체 넌 뭘 짓고 있는 거야?

### are you cooking?
도대체 넌 무슨 요리를 하는 거야?

# I don't know 의문사.

난 모르겠어요...

- **know** 알다
- **don't know** 모르다
- **I don't know ~** ~인지 난 모르겠어(모르겠어요).

한끝 팁  I don't know 뒤에 보다 구체적인 상황을 설명하려면 wh로 시작하는 의문사 뒤에 문장으로 상황을 설명할 수 있습니다.

# I don't know 의문사.

### when
언제인지 난 모르겠어요.

### how
어떻게 하는 건지 난 모르겠어요.

### why
왜 그런지 난 모르겠어요.

### where
어디에 있는지 나도 모르겠어요.

### who
누군지 나도 모르겠어요.

### what
뭔지 나도 모르겠어요.

# You never know 의문사.

그건 모르는 거예요...

- **never** 결코 ~않다
- **know** 알다
- **You never know ~** ~는 모르는 거야(거예요).

한끝 팁 '모른다' 표현을 살펴볼게요.
You don't know. 넌 몰라. (단순히 사실을 모를 때)
You never know. 사람 일은 절대 모르는 거야. (모른다는 것을 강조할 때)

# You never know 의문사.

## when
언제인지 그건 모르는 거예요.

## who
누구인지 그건 모르는 거예요.

## where
어디인지 그건 모르는 거예요.

## why
왜인지 그건 모르는 거예요.

뽀삐가 나를 찾아올 수도 있어요.
그건 모르는 거죠~

## 1초 패턴 연습

**1** 구문에 맞는 그림을 골라 써 넣으세요.

1 It seems that 문장. _____

2 You know what? 문장. _____

3 No offense, but 문장. _____

4 I don't know 의문사. _____

5 It is like 문장. _____

6 What on earth 문장(의문문)? _____

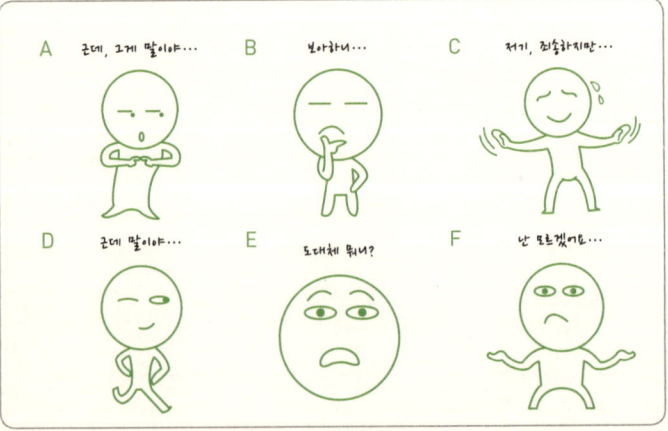

정답 | P.135

**2** 상황에 맞는 패턴 회화를 완성하세요.

_____ it snows.

혹시나 눈이 올까 해서요

_____ he is good.

척 보니 그는 솜씨가 좋네요

_____ he comes?

그가 오면 어쩌려고?

_____ where.

어디인지 그건 모르는 거예요

_____ I love you.

난 당신을 사랑하는 것 같아요

_____ I'm late.

중요한 건 내가 늦었다는 거예요

# Answers

## 1초 패턴 연습 _ 동사

**1**
1. C
2. A
3. E
4. F
5. B
6. D

**2**
1. I'm about to
2. I wanted to
3. I'm here to
4. That's what I
5. How could you
6. I'm supposed to

## 1초 패턴 연습 _ 명사

**1**
1. A
2. F
3. C
4. E
5. D
6. B

**2**
1. I'm really into
2. There is
3. What's with
4. You must be
5. Help yourself to
6. What is, for

## 1초 패턴 연습 _ 동명사

**1**
1. B
2. D
3. A
4. C

**2**
1. I can't help
2. It is worth
3. I feel like
4. It is worth
5. It's no use
6. I can't help

## 1초 패턴 연습 _ 과거분사

**1**
1. D
2. F
3. A
4. C
5. B
6. E

**2**
1. I would have
2. I couldn't have
3. I should have
4. I shouldn't have
5. I wouldn't have
6. I could have

### 1초 패턴 연습 _ 형용사

**1**
1. C
2. B
3. A

**2**
1. I'm getting
2. You can't be
3. I am totally
4. You can't be
5. I'm getting
6. I am totally

### 1초 패턴 연습 _ 문장

**1**
1. B
2. D
3. C
4. F
5. A
6. E

**2**
1. In case
2. I can tell
3. What if
4. You never know
5. I think
6. The thing is